STUDENT ACTIVITIES MANUAL ANSWER KEY

IMAGINEZ

le français sans frontières

Mitschke

Boston, Massachusetts

Printed in the United States of America.

ISBN-13: 978-1-60007-160-7
ISBN-10: 1-60007-160-0

4 5 6 7 8 9 BB 12 11 10 09

Table des matières

ANSWERS TO **WORKBOOK** ACTIVITIES

ANSWERS TO **LAB MANUAL** ACTIVITIES

WORKBOOK ANSWER KEY

Leçon 1

Workbook

POUR COMMENCER

1 1. d 2. c 3. f 4. a 5. b 6. e

2 1. pose un lapin 2. divorcer 3. union libre 4. L'âme sœur 5. veuf 6. économe

3 Answers will vary.

IMAGINEZ

Les États-Unis

1. Vrai. 2. Faux. Il a fondé la ville de Détroit en 1701. 3. Vrai. 4. Faux. Elle a offert la statue de la Liberté aux États-Unis en 1886. 5. Faux. Elle est le neuvième partenaire commercial des États-Unis. 6. Vrai.

La francophonie aux USA

C'est Céline Dion. Rest of answer will vary.

Galerie de créateurs

1 **A.** Answers will vary. Sample answers: Le titre de cette peinture est *Chien bleu*. Le peintre s'appelle George Rodrigue. C'est un Cajun qui a découvert que l'art cajun et l'art américain étaient différents. Sa série de tableaux *Chien bleu* l'a rendu célèbre.
B. Answers will vary.

2 Answers will vary. Sample answers: 1. Il était ingénieur militaire. Il a été à l'origine de la construction de Washington D.C. 2. Il a peint le portrait de présidents comme Bill Clinton et George Bush. 3. Elle était l'ambassadrice de la culture française dans le domaine de la gastronomie parce qu'elle a écrit plusieurs livres de recettes françaises. Elle avait aussi une émission culinaire à la télévision. 4. C'est un designer et un architecte qui crée des objets pour la maison, des meubles et des objets décoratifs. Il a décoré l'intérieur de l'hôtel Hudson, à New York.

3 Answers will vary.

STRUCTURES

1.1 Spelling-change verbs

1 1. mangeons 2. partage 3. voyageons 4. essaie/essaye 5. m'appellent 6. projetons 7. achète 8. ennuyons

2 1. préfères 2. répète 3. amènent 4. dérange 5. commençons 6. emmène 7. achète 8. rappelons

3 1. partageons 2. effaçons 3. plongeons 4. s'envoie 5. essaient/essayent 6. espère

4 1. Non, Marine projette un week-end à la campagne avec Luc. 2. Oui, elle et moi, nous rejetons toujours les garçons peu mûrs. 3. Non, ses grands-parents élèvent ses enfants. 4. Oui, nous menons tous une vie intéressante. 5. Non, nous payons chacun notre tour. 6. Oui, nous commençons à parler de mariage.

5 Answers will vary.

1.2 The irregular verbs *être, avoir, faire,* and *aller*

1 1. est 2. sont 3. es 4. sommes 5. suis 6. êtes

2 1. a de la chance 2. ont honte 3. as de la patience 4. avez sommeil 5. ai soif 6. avez du courage

3 1. ai 2. suis 3. fais 4. faisons 5. es 6. allez 7. est 8. êtes 9. faites 10. vais

4 Answers may vary. Sample answers: 1. Tu vas faire la vaisselle! 2. Nous allons faire nos valises! 3. Il va faire du shopping avec moi! 4. Ils vont promener le chien! 5. Je vais rester calme!

5 1. Vous faites la queue. 2. Ils font des projets. 3. Elle fait le ménage. 4. Tu fais du shopping. 5. Je fais la cuisine.

6 Answers will vary.

Workbook

1.3 Forming questions

1 1. b 2. c 3. c 4. a 5. b 6. a 7. a 8. b

2 1. Quel âge as-tu? 2. Votre meilleur ami rêve-t-il de rencontrer l'âme sœur? 3. Aimez-vous les gens enthousiastes? 4. Y a-t-il des étudiants étrangers dans la classe? 5. Est-ce bien d'être franc avec ses amis, à ton avis? 6. Que pensez-vous de l'union libre?

3 1. À qui faites-vous confiance? 2. Quand est-ce que vous vous sentez déprimé? 3. Jeff est amoureux de Pauline, n'est-ce pas? 4. Thomas et Anna habitent-ils ensemble?

4 Answers may vary. Sample answers: 1. Duquel parle-t-elle sans arrêt? 2. Auquel allez-vous? 3. Desquels sont-ils fanatiques? 4. Avec laquelle discute-t-il toujours?

5 Answers may vary. Sample answers: 1. Quel âge avez-vous? 2. Où habitez-vous? 3. Que faites-vous comme travail?/Quel travail faites-vous? 4. Êtes-vous célibataire? 5. Quel est votre passe-temps favori?

RÉDACTION

Étape 1: Answers will vary. Sample answers: 1. C'est une petite annonce personnelle. 2. Elle est sympa, enthousiaste, un peu idéaliste et sportive, et a l'air intelligente et assez sérieuse. 3. Elle fait souvent du sport, des promenades, du camping et des activités culturelles. À mon avis, elle va régulièrement dans un club sportif, au parc et peut-être au musée ou au théâtre.

Étape 2: Answers will vary.

Leçon 2

POUR COMMENCER

1 **A.** a. un colocataire b. l'hôtel de ville c. les transports en commun d. les piétons
B. 1. l'hôtel de ville 2. les transports en commun 3. un colocataire 4. Les piétons

2 1. musées 2. centre-ville 3. bruyante 4. jardins publics 5. embouteillage

3 Answers will vary.

IMAGINEZ

La France

1. d 2. f 3. c 4. b 5. e 6. a 7. g 8. h

Découvrons la France

Answers will vary.

Galerie de créateurs

1 **A.** Answers will vary. Sample answers: Le titre de cette photographie est *L'œil des Maldives*. Le photographe s'appelle Yann Arthus-Bertrand. Avec l'UNESCO, il a créé une banque d'images sous forme de livre, *La Terre vue du Ciel*, qui a eu un succès international.
B. Answers will vary.

2 Answers will vary. Sample answers: 1. Paul Bocuse est un des chefs cuisiniers les plus importants de France. En 1965, il a reçu la plus grande distinction de la cuisine française, trois étoiles, du *Guide Michelin*. 2. Sonia Rykiel est une femme aux multiples talents parce qu'elle est à la fois styliste, écrivain et gastronome. Ses collections incluent toujours le noir, les rayures et la maille. Elles sont à la fois élégantes et bohèmes. 3. Marguerite Duras était une femme écrivain française qui est née en Indochine et qui a rejoint la Résistance à Paris. *L'Amant* est une de ses œuvres.

3 Answers will vary.

STRUCTURES

2.1 Reflexive and reciprocal verbs

1 2, 5, 6, 7, 8

2 1. a 2. b 3. b 4. a 5. a 6. b

3 1. nous attendons 2. vous entendez 3. me lève 4. t'amuses 5. se met 6. s'arrêtent

4 1. nous entendons 2. nous voyons 3. m'amuse 4. s'intéressent 5. se moque 6. se fâche 7. se parle 8. s'ennuie

5 Answers will vary. Sample answers: 1. Réveille-toi! 2. Reposons-nous! 3. Ne vous inquiétez pas! 4. Amuse-toi bien!

6 Answers will vary.

2.2 Descriptive adjectives and adjective agreement

1 1. a 2. b 3. b 4. c 5. c

2 1. cadette 2. franches 3. heureux 4. basse 5. chère 6. favorite 7. animés 8. grecque

3 1. Il faut prendre la première avenue à gauche. 2. Ces immeubles marron sont vraiment laids! 3. Je déteste l'architecture du nouveau musée. 4. La dame qui travaille à la mairie a les cheveux châtains. 5. Ce vieil édifice est magnifique. 6. Connais-tu quelques bonnes boutiques de vêtements en ville? 7. Nous avons un petit appartement dans la rue Pradel. 8. Je n'aime pas du tout les rues animées des grandes villes!

4 1. Les derniers travaux dans la rue du Jeu de Paume se terminent cette semaine. 2. Les pauvres Parisiens passent beaucoup de temps dans les embouteillages. 3. Les bus de la ville d'Avignon sont tous bleu foncé. 4. Noémie achète un grand appartement au centre-ville. 5. Je ne connais pas les nouvelles boutiques du quartier. 6. Nathalie habite dans l'ancien quartier de Richard.

5 Answers will vary.

6 Answers will vary.

2.3 Adverbs

1 1. franchement 2. poliment 3. bruyamment 4. patiemment 5. gentiment 6. précisément 7. énormément 8. lentement

2 1. b 2. c 3. c 4. a 5. b 6. c 7. a 8. b

3 1. a 2. c 3. k 4. d 5. j 6. f 7. g 8. h 9. l 10. i 11. e 12. b

4 1. Marine est allée en ville hier./Hier, Marine est allée en ville. 2. Vous êtes déjà arrivé au commissariat? 3. Martin a conduit lentement en ville à cause de la circulation. 4. Les animaux ne sont probablement pas autorisés dans le jardin public. 5. Nourdine attendait patiemment le bus quand nous l'avons vu. 6. Ma mère va souvent au musée le dimanche.

5 Answers will vary.

6 Answers will vary.

Workbook

RÉDACTION

Étape 1: Answers will vary. Sample answers: C'est le lundi 5 octobre. Je me suis levé tôt. J'ai vite pris un café et un croissant. Ensuite, je me suis rapidement lavé et habillé, puis je me suis bien brossé les dents. Maintenant, il est huit heures moins dix. Je suis un peu en retard. C'est mon premier jour à l'université. Je dois absolument me dépêcher. Je prends vite le bus. Je regarde attentivement Paris, ma belle ville. Il y a de gros embouteillages aujourd'hui. Il y a du monde partout dans les rues animées de la ville. On passe devant le magnifique musée d'Orsay. J'arrive enfin à la Sorbonne, le bel édifice parisien qui est aussi ma nouvelle université...

Étape 2: Answers will vary.

Leçon 3

POUR COMMENCER

1 Second part of answers will vary. Sample answers: 1. (un reporter) Un reporter écrit des articles pour un journal. 2. (un événement) Tout le monde parle du grand événement de la semaine prochaine. 3. (un feuilleton) Je regarde souvent le feuilleton *Friends* à la télé. 4. (le public) Le public a beaucoup aimé le dernier film de Spielberg.

2 1. c 2. g 3. e 4. b 5. h 6. a 7. d 8. f

3 Answers will vary.

IMAGINEZ

Le Québec

1. b 2. c 3. a 4. a 5. c 6. a

Découvrons le Québec

Answers will vary. Sample answers: C'est la ville souterraine de Montréal. Elle comprend 60 complexes résidentiels et commerciaux reliés par 30 kilomètres de tunnels. On y trouve des stations de métro, deux gares, des banques, des centres commerciaux, des bureaux, des hôtels et des résidences. Plus de 500.000 personnes y passent chaque jour.

Galerie de créateurs

1 A. Answers will vary. Sample answers: Ce vitrail se trouve dans une station de métro de Montréal. C'est une œuvre de Marcelle Ferron. Cette artiste était une figure importante de l'art contemporain québécois et elle a fait partie d'un mouvement artistique révolutionnaire de la Province, les Automatistes, dérivé du Surréalisme.
B. Answers will vary.

2 Answers will vary. Sample answers: 1. Il est le co-fondateur du Cirque du Soleil. 2. C'est une romancière québécoise qui s'inspire de la langue, de l'histoire, des traditions et des caractéristiques géographiques de l'Acadie pour écrire ses œuvres. 3. En 1979, elle a reçu le prix Goncourt pour son roman *Pélagie la charrette*. Elle est la première femme écrivain francophone qui n'habite pas en France à l'avoir reçu.
4. Il est connu dans le domaine de la danse contemporaine. Il a présenté sa première chorégraphie à l'âge de 21 ans, puis il a fondé sa propre troupe de danseurs, Lock-Danseurs.

3 Answers will vary.

STRUCTURES

3.1 The *passé composé* with *avoir*

1

				A					
		E	U		I				
		C				M			
		R	H				E		
		I		O					
V		T			I		L	U	
E						S			
N			P	U	B	L	I	E	
D									V
U									U

1. choisi 2. vu 3. lu 4. aimé 5. écrit 6. publié 7. eu 8. vendu

2 1. c 2. b 3. a 4. c 5. c 6. c

3 1. a ouvert 2. avons suivi 3. a reçu 4. ai su 5. avez aimé 6. as choisi

4 Second part of answers will vary: 1. Est-ce que vous avez lu le journal ce matin? 2. Votre famille a-t-elle regardé une émission de télévision intéressante récemment? 3. Est-ce que vos camarades ont facilement compris la leçon sur le passé composé? 4. Est-ce que vous avez souvent écouté la radio la semaine dernière?

5 Answers will vary.

3.2 The *passé composé* with *être*

1 1. être 2. les deux 3. les deux 4. être 5. être 6. avoir 7. être 8. avoir 9. les deux 10. les deux

2 1. a 2. sont 3. est 4. sommes 5. ont 6. avez 7. suis 8. es

3 1. c 2. a 3. a 4. a 5. b

4 1. suis allée 2. sommes sortis 3. n'est pas venu 4. est passé 5. s'est arrêtée 6. sommes retournées 7. sommes entrées 8. ne sommes pas restées 9. êtes descendus 10. es allé

5 Answers will vary. Sample answers: 1. Vous êtes sortis hier soir? 2. Ils se sont revus? 3. Il est parti? 4. Tu es retourné(e) chez ta camarade? 5. Vous vous êtes disputés? 6. Tu t'es bien amusé(e)?

6 Answers will vary.

3.3 The *passé composé* vs. the *imparfait*

1 1. étais 2. habitions 3. travaillait 4. adorais 5. avais 6. attendait 7. voulait 8. vivais 9. étais 10. aimiez

2 1. a pris, PC, a 2. faisait, avait, I, d 3. a entendu, PC, c 4. avait, I, d, jouait, I, e 5. sommes allés, avons surfé, avons trouvé, PC, b

3 1. c 2. a 3. c 4. c 5. b

4 1. a donné 2. était 3. avait 4. attendait 5. a fait 6. est sortie 7. a commencé 8. ont adoré

5 1. étais; regardais 2. a habité 3. est allé; est parti 4. étudiiez; avez rencontré 5. lisais; est venu 6. oubliais; préférais 7. sommes allés 8. avait

6 Answers will vary.

Workbook

RÉDACTION

Étape 1: Answer may vary. Sample answer: Le présent rend la biographie plus vivante, plus facile à lire.

François Truffaut est né en 1932, à Paris. Il n'était pas heureux pendant son enfance et, à 14 ans, il a arrêté l'école. En 1947, il a ouvert un ciné-club dans le Quartier latin, à Paris. Il a débuté sa carrière comme critique de cinéma en 1953. À la fin des années 1950, il a sorti son premier long métrage, *Les quatre cents coups*. Ce film racontait l'histoire d'un adolescent que personne ne comprenait. Truffaut était un des réalisateurs les plus importants de la Nouvelle Vague. Il est mort en 1984.

Étape 2: Answer will vary.

Leçon 4

POUR COMMENCER

1 Second part of answers will vary. Sample answers: 1. le crime; élire 2. un juré; la violence 3. une victime; un président 4. sauver; faire du chantage 5. juste; injuste

2 1. f 2. b 3. d 4. e 5. a 6. c

3 Answers will vary.

IMAGINEZ

Les Antilles

1. Vrai. 2. Faux. Au départ, les Espagnols étaient la plus grande puissance coloniale aux Antilles. 3. Faux. Les corsaires étaient des nobles qui travaillaient souvent directement pour le roi. 4. Vrai. 5. Faux. Les sociétés pirates étaient égalitaires. Le capitaine était élu démocratiquement et le butin était partagé.

Découvrons les Antilles

Answers will vary. Sample answers: C'est le carnaval de Guyane. C'est une grande fête qui rassemble tous les Guyanais chaque année. Il dure deux mois: du jour de l'Épiphanie, le 6 janvier, au mercredi des Cendres, début mars. Il est populaire, multiethnique et très traditionnel, avec des costumes historiques.

Galerie de créateurs

1 A. Answers will vary. Sample answers: L'artiste s'appelle Franky Amete. Il utilise la règle, le compas et des sables de couleurs différentes. Il est spécialisé dans l'art «tembé», un art hérité des esclaves noirs qui ont fui dans la forêt pendant la période de l'esclavage.
B. Answers will vary.

2 Answers will vary. Sample answers: 1. C'est un écrivain et un homme politique antillais. Il est associé au mouvement littéraire et culturel de la Négritude. 2. Il a été maire de Fort-de-France de 1945 à 2001. Il est à l'origine des Départements d'Outre-Mer (DOM). Il s'est retiré de la vie publique, mais il reste une figure importante de la Martinique. 3. Léna Blou est une danseuse guadeloupéenne qui a ouvert une école de danse à Pointe-à-Pitre et a créé la troupe de danseurs Trilogie. Elle veut faire connaître la chorégraphie traditionnelle des Caraïbes. Elle a modernisé la danse traditionnelle guadeloupéenne, le Gwo-Ka. 4. Paulette Poujol-Oriol est professeur, metteur en scène et auteur. Son style est ironique. Elle écrit des œuvres morales dans un mélange de français et de créole haïtien.

3 Answers will vary.

STRUCTURES

4.1 The *plus-que-parfait*

1 1. défendu; avoir; avait défendu 2. allées; être; étions allées 3. consacré; être; étiez consacré 4. gouverné; avoir; avaient gouverné

2 1. b 2. a 3. b 4. c 5. a 6. a

3 1. avait pu 2. étaient allés 3. avait vu 4. avaient reconnu 5. avait téléphoné 6. avait pris

4 1. Non, nous étions arrivés une heure avant le début de la manifestation. 2. Non, ils avaient choisi de s'y installer la veille. 3. Non, ils étaient déjà partis. 4. Non, je l'avais déjà vue au mois de juin.

5 Answers will vary. Sample answers: 1. Elles étaient en colère parce que la police n'avait pas arrêté les criminels. 2. Il était furieux parce que les journalistes avaient donné le nom du suspect. 3. J'étais ravie de lire le journal parce qu'on y annonçait que mon parti politique avait gagné les élections. 4. Nous étions tous contents parce que la violence s'était enfin arrêtée dans le quartier. 5. Vous dansiez dans les rues parce qu'un excellent président avait été élu.

6 Answers will vary.

4.2 Negation and indefinite adjectives and pronouns

1 1. Plusieurs 2. quelqu'un 3. Tout 4. chaque 5. quelque chose 6. Une autre 7. Quelques 8. toutes

2 1. telles 2. plusieurs 3. autres 4. quelqu'un 5. La plupart 6. Certaines 7. Tous 8. chaque

3 Answers may vary slightly. Sample answers: 1. tout 2. quelque chose 3. Certaines 4. Chaque 5. Plusieurs 6. quelques 7. autres 8. La plupart

4 1. (e) Il n'y a personne au tribunal. 2. (g) Le coupable n'a rien dit à son avocat. 3. (b) Le député n'a pas encore gagné les élections. 4. (c) Le président n'est ni intelligent ni juste. 5. (h) Personne n'a voté pour elle. 6. (d) Il n'y a de violence nulle part. 7. (a) Ce voleur ne prend jamais de bijoux. 8. (f) Il n'y a pas eu de victimes.

5 1. Non, il n'y a pas d'homme politique que j'admire. 2. Non, je n'ai pas encore décidé pour qui je vais voter. 3. Je ne fais confiance ni au député de droite ni au député de gauche. 4. Non, je ne regarde aucun débat à la télévision. 5. Non, il n'y a personne dans ma famille qui partage mes idées politiques. 6. Non, je ne veux plus parler des élections.

4.3 Irregular *-ir* verbs

1 1. a 2. c 3. c 4. b 5. a 6. c

2 1. pars 2. vient 3. ouvrent 4. tiens 5. souffrent 6. meurt 7. sens 8. devient

3 1. pars 2. reviens 3. tenons 4. dormez 5. couvrent 6. offrent 7. sortez 8. devient 9. me sens 10. reviens

4 1. meurt; mourir; est mort 2. court; courir; a couru 3. découvrent; découvrir; ont découvert 4. couvrons; couvrir; avons couvert 5. viens; venir; suis venu 6. sent; sentir; a senti 7. revient; revenir; est revenue 8. tiennent; tenir; ont tenu

5 Answers will vary.

RÉDACTION

Étape 1: Passé composé, événement terminé avec un début et une fin dans le passé: je me suis levé, j'ai pris, je me suis habillé, je suis parti, je suis arrivé **Imparfait,** description de la scène au passé: c'était; il faisait; il neigeait; il y avait; nous devions **Plus-que-parfait,** passé plus ancien: il avait plu, j'avais pris, j'avais choisi; tous étaient arrivés; on avait ouvert

Étape 2: Answers will vary.

Leçon 5

POUR COMMENCER

1 1. c 2. e 3. f 4. a 5. b 6. d

2 1. polyglotte 2. le mal du pays 3. surpeuplé 4. la langue maternelle 5. exclus/rejetés/seuls 6. polémique

3 Answers will vary.

IMAGINEZ

L'Afrique de l'Ouest

1. e 2. g 3. f 4. h 5. b 6. d 7. a 8. c

Découvrons l'Afrique de l'Ouest

Answers will vary. Sample answers: C'est un bâtiment de la ville de Djenné, au Mali. Cette ville a été fondée au 9e siècle et est devenue un important centre d'échanges commerciaux au 12e siècle. Son architecture est très spécifique et depuis 1988, elle est sur la liste du patrimoine mondial de l'UNESCO. Les bâtiments sont construits en «banco», ou terre crue, avec des morceaux de bois appelés «terrons» qui traversent les murs.

Galerie de créateurs

1 **A.** Answers will vary. Sample answers: L'artiste s'appelle Ousmane Sow. Les tribus africaines sont un de ses thèmes favoris. Son art est très réaliste et sa technique très personnelle: il utilise une pâte, dont lui seul connaît la composition, qu'il modèle sur une armature.
B. Answers will vary.

2 Answers will vary. Sample answers: 1. C'est un réalisateur et écrivain sénégalais. Les injustices sont un sujet qui l'intéresse en particulier.
2. Véronique Tadjo est poétesse et romancière. Elle s'exprime aussi par la peinture. Sa source d'inspiration est l'histoire du continent africain.
3. Seydou Keïta était un photographe dont le thème préféré était le portrait en noir et blanc.
4. En 1960, le Mali est devenu indépendant. Seydou Keïta a été affecté par ce changement parce que le gouvernement malien l'a obligé à fermer son studio et à travailler comme photographe pour l'État.

3 Answers will vary.

STRUCTURES

5.1 Partitives

1 1. a 2. a 3. c 4. c 5. b 6. c 7. a 8. b

2 1. du 2. du 3. de l' 4. de la 5. de l' 6. du 7. des 8. du

3 1. Un/Du 2. le 3. une/de l' 4. d' 5. la 6. du 7. des/les 8. du 9. de la 10. un

4 Answers will vary. Sample answers: 1. Oui, il me faut un kilo de pommes de terre. 2. Oui, on va prendre deux litres d'eau minérale. 3. Oui, on achète trois boîtes de sauce tomate. 4. Oui, on prend deux bouteilles de vin. 5. Oui, on va acheter un paquet de sucre.

5 Answers will vary.

Workbook

5.2 The pronouns *y* and *en*

1 1, 4, 5, 6, 8, 10

2 1. a 2. b 3. a 4. a, c 5. b, c 6. b 7. a 8. a, b, c

3 1. Oui, j'en ai eu beaucoup. 2. Non, j'ai eu du mal à en trouver. 3. Oui, j'y vais deux fois par an. 4. Oui, je m'y suis très bien habitué. 5. Non, je n'ai pas envie de retourner y vivre./ Non, je n'en ai pas envie. 6. Oui, je pense y rester pour toujours.

4 Answers will vary. Sample answers: 1. Oui, j'y ai déjà travaillé. 2. Non, je n'y suis jamais allé(e). 3. Oui, j'en parle trois. 4. Oui, j'en ai un. 5. Oui, je pense que je peux m'y adapter. 6. Oui, j'espère en acquérir une.

5.3 Order of pronouns

1 1. lui (a), en (b) 2. vous (b), l' (a) 3. vous (b), y (a) 4. les (b), lui (a)

2 1. (leur (1), en (2)) Elle leur en parle toujours. 2. (les (1), leur (2)) Le propriétaire les leur mentionne souvent. 3. (la/l' (1), y (2)) Je crois que Pascaline l'y a vue. 4. (le/l' (2), vous (1)) Je vous l'ai acheté. 5. (en (2), y (1)) Il n'y en a jamais.

3 1. Ils l'ont quitté en 1980. 2. Non, ils n'en ont pas retrouvé. 3. Oui, ils les y ont tout de suite invités. 4. Oui, ils leur en ont beaucoup apporté. 5. Oui, ils en ont trouvé assez rapidement. 6. Oui, nous les célébrons tous les ans. 7. Oui, j'aimerais bien y aller.

4 Answers will vary. Sample answers: 1. Oui, je les leur mentionne souvent. 2. Non, je ne les leur ai pas décrits. 3. Non, je ne leur en parle pas. 4. Oui, ils me le disent de temps en temps. 5. Oui, je m'y intéresse beaucoup. 6. Oui, j'aime leur en offrir. 7. Oui, je leur en donne souvent.

RÉDACTION

Étape 1: Answers may vary. Sample answers: Il y a beaucoup de répétitions et ce paragraphe est assez mal écrit. On peut utiliser des pronoms pour éviter les répétitions.

Answer may vary. Sample answer: Je suis arrivé aux États-Unis en 1988. Je suis venu pour y faire des études de médecine. J'allais être étudiant à l'Université de Los Angeles. À mon arrivée, j'y ai cherché un appartement, mais je n'en ai pas trouvé. J'étais très inquiet et j'ai pensé que mon ami Amadou, qui habitait à Los Angeles depuis longtemps, pourrait peut-être m'aider, alors je lui ai téléphoné. Je lui ai demandé s'il avait des conseils à me donner. Il m'a dit qu'il avait justement un ami qui cherchait un colocataire et il a dit qu'il allait lui parler. Deux jours plus tard, Amadou me l'a présenté. Et là, je me suis rendu compte que je le connaissais déjà. Il est du village de Tokou et moi aussi, j'en viens! Quand nous y habitions, nous étions voisins! Incroyable, non?

Étape 2: Answers will vary.

Leçon 6

POUR COMMENCER

1 **A.** a. la jeunesse b. la volaille c. punir d. des citrons verts e. le surnom
B. 1. b 2. d 3. c 4. e 5. a

2 Answers will vary.

IMAGINEZ

L'Afrique du Nord et le Liban

1. Vrai. 2. Vrai. 3. Faux. Rabat est la capitale du Maroc. 4. Faux. La Casbah est le centre historique d'Alger. C'est une ancienne forteresse qui domine la ville. 5. Vrai.

Découvrons le Maghreb

Answers will vary. Sample answers: Cette ville s'appelle Sidi Bou Saïd. Elle se trouve près de Tunis, en Tunisie. Beaucoup d'artistes et d'écrivains, comme Paul Klee, Camus, Hemingway et Flaubert, y sont venus.

Galerie de créateurs

1 **A.** Answers will vary. Sample answers: Ce couturier s'appelle Azzedine Alaia. Il est tunisien. Son style cherche à mettre en valeur la silhouette féminine. Il a d'abord travaillé pour la maison Christian Dior et pour d'autres couturiers, puis il a créé sa propre marque et il a présenté son premier défilé en 1982, à New York. Des célébrités comme Tina Turner, Raquel Welch ou Madonna apprécient son style et portent ses créations.
B. Answers will vary.

2 Answers will vary. Sample answers: 1. Leur style mêle les rythmes et les sonorités d'Afrique du Nord aux instruments occidentaux et marie différentes influences musicales. Les chansons de Djur Djura parlent des femmes et de leur condition, de la liberté et de l'Algérie. 2. La mort de sa fille a motivé Nadia Tuéni à écrire. L'amour et la souffrance sont les deux thèmes principaux de ses œuvres. 3. Ce grand couturier est né en Algérie et y a passé toute son enfance. Il a commencé sa carrière dans la haute couture comme styliste pour Christian Dior. Il a ensuite créé sa propre maison de couture en 1962.

3 Answers will vary.

STRUCTURES

6.1 The subjunctive: impersonal expressions; will, opinion, and emotion

1 1. ne va pas être 2. ne veuillent pas 3. croyez 4. sache 5. de passer

2 1. a 2. c 3. c 4. b 5. b

3 1. ayez 2. viennes 3. arrive 4. aillent 5. preniez 6. pleuve 7. sois 8. soyons

4 Answers may vary. Sample answers: 1. étudies 2. réussisse 3. aille 4. cherche 5. aient 6. fasses 7. partions 8. vous amusiez

5 1. Il est dommage que vous, les jeunes, vous oubliiez vos racines. 2. Il faut que les grands-parents réfléchissent plus à l'héritage qu'ils vont laisser. 3. Je ne pense pas que nous punissions assez les enfants de nos jours. 4. Je regrette que toi, Nathan, tu ne t'entendes pas avec Gérard. 5. J'ai peur que le fossé des générations devienne de plus en plus important.

6 Answers will vary.

6.2 Demonstrative pronouns

1 1. a 2. c 3. c 4. c 5. a 6. b

2 1. Ceux 2. celui 3. ceux 4. ceux 5. celui 6. celles 7. celles 8. celle

3 1. ça 2. celui 3. c'est 4. ce sont 5. dont 6. ceux 7. que 8. celles 9. qui 10. celle

4 Answers may vary. Sample answers: 1. Je préfère celui que Cathy a acheté. 2. J'achète souvent ceux qui sont biologiques. 3. Je connais celles qui habitent près de chez nous. 4. Je m'entends mieux avec celle qui est professeur.

5 Answers will vary.

6 Answers will vary.

6.3 Irregular *-re* verbs

1 1. mets 2. conduisez 3. prends 4. buvons 5. se plaint 6. suit

2 1. Patricia, tu suis combien de cours à l'université? 2. Vous lisez beaucoup en cours? 3. Les étudiants apprennent beaucoup de choses dans ton université? 4. Tes parents vivent aussi à Nantes? 5. Nathan et toi, vous croyez que vous allez avoir des enfants?

3 1. Mais non! Nous avons pris notre voiture pour venir à la réunion hier matin! 2. Mais non! Elle est née lundi dernier! 3. Mais non! Tu as écrit une lettre à ton frère le mois dernier! 4. Mais non! Ils ont vécu à Québec l'année dernière! 5. Mais non! Vous êtes allés au parc hier après-midi!

4 1. crois 2. déplais 3. a pas souri 4. met 5. connaît 6. as dit 7. ai craint/craignais 8. reconnais

5 Answers will vary.

6 Answers will vary.

Workbook

RÉDACTION

Étape 1: Answers will vary.

Étape 2: Answers will vary.

Leçon 7

POUR COMMENCER

1 1. guérir 2. le web 3. une invention 4. un chercheur 5. innovant

2 1. spécialisé 2. guérir 3. Des/Les chercheurs 4. le web 5. une invention

3 Answers will vary.

IMAGINEZ

La Belgique, la Suisse et le Luxembourg

1. b 2. h 3. g 4. c 5. f 6. e 7. a 8. d

Découvrons la Belgique, le Luxembourg et la Suisse

Answers will vary. Sample answers: C'est la montagne de Bueren, à Liège, en Belgique. C'est un escalier monumental de 373 marches qui a été construit en 1875 pour faciliter l'ascension des soldats vers la citadelle. Cet escalier porte le nom d'un défenseur historique de Liège, Vincent de Bueren.

Galerie de créateurs

1 A. Answers will vary. Sample answers: L'artiste s'appelle Sylvie Fleury. C'est une artiste contemporaine suisse qui habite à Genève. Elle s'inspire de tout ce qui représente le monde du luxe, comme les flacons de parfum.
B. Answers will vary.

Workbook

2 Answers will vary. Sample answers: 1. On appelle Robert Schuman le «Père de l'Europe». C'est l'homme politique qui est à l'origine de la création de la Communauté Européenne du Charbon et de l'Acier (CECA), qui est devenue plus tard l'Union européenne. 2. Amélie Nothomb est une écrivain belge, née au Japon. Son style est romanesque, décalé et toujours caractérisé par un humour subtil, parfois noir. 3. Jean-Pierre et Luc Dardenne sont des cinéastes belges. En 1999 et en 2005, ils ont gagné la Palme d'or au Festival de Cannes.

3 Answers will vary.

STRUCTURES

7.1 The comparative and superlative of adjectives and adverbs

1 1. b 2. a 3. c 4. a 5. b

2 1. I / Tony Parker joue bien au basket. 2. L 3. I / Les frites sont moins bonnes pour la santé que les légumes. 4. I / Le train va moins vite que l'avion. 5. I / L'Alaska est le plus grand état des États-Unis.

3 Answers may vary. Sample answers: 1. Les Dallas Cowboys sont meilleurs que les San Diego Chargers. 2. Madonna chante aussi bien que Céline Dion. 3. Chris Rock est aussi amusant que Jack Black. 4. Jessica et Ashlee Simpson sont plus jeunes que Janet Jackson.

4 Answers will vary. Sample answers: 1. Je sors plus souvent que mon/ma meilleur(e) ami(e). 2. Mon/Ma meilleur(e) ami(e) est moins sportif/sportive que moi. 3. Il/Elle étudie aussi sérieusement que moi. 4. Je suis plus grand(e) que lui/qu'elle. 6. Il/Elle danse moins bien que moi.

5 Answers will vary.

6 Answers will vary.

7.2 The *futur simple*

1 1. b 2. a 3. b 4. a

2 1. Non, mais vous pourrez peut-être les rencontrer la prochaine fois. 2. Non, mais nous irons peut-être en Suisse l'été prochain. 3. Non, mais j'en suivrai peut-être un l'année prochaine. 4. Non, mais elle le passera peut-être l'année prochaine. 5. Non, mais je le recevrai peut-être dans deux ans.

3 1. arriveras 2. attendrai 3. porterai 4. pourras 5. irons 6. devra 7. rencontreras 8. verras 9. répondront 10. aurez

4 1. Martin et moi, nous nous promènerons souvent sur la Grand-Place. 2. Tous les étudiants iront voir le Manneken-Pis. 3. Vous saurez vous déplacer dans Bruxelles. 4. Tu appelleras sûrement ta petite amie au téléphone trois fois par semaine. 5. J'achèterai du chocolat belge pour ma famille.

5 Answers will vary.

6 Answers will vary.

7.3 The subjunctive with expressions of doubt and conjunctions; the past subjunctive

1 1. ont 2. réussisse 3. atterrisse 4. soit 5. fassiez 6. va

2 1. soit 2. puisse 3. approuves 4. ayons 5. réussissiez 6. partent

3 1. aies oublié 2. aient téléchargé 3. ayons sauvegardé 4. ait fait 5. soyez trompés 6. aie trouvé

4 1. peut 2. soit arrivé 3. pensent 4. connaissions 5. veut 6. travaillions

5 Answers will vary.

6 Answers will vary.

RÉDACTION

Étape 1: Answers will vary.

Étape 2: Answers will vary.

Leçon 8

POUR COMMENCER

1

					P				
C		R				A			
O		A	R	B	I	T	R	E	
U		B						I	
R		A							
S		T	A	B	L	E	A	U	
E		–							N
		J		P					U
	S	O	U	L	I	E	R	S	L
		I				È			
		E					C		
								E	

1. rabat-joie 2. arbitre 3. tableau 4. souliers 5. pièce 6. course 7. pari 8. nul

2 Answers will vary. Sample answers: 1. faire de l'alpinisme 2. aller à une exposition de peinture 3. aller au restaurant 4. faire du ski 5. aller voir un spectacle

IMAGINEZ

L'océan Indien

Answers will vary. Sample answers: 1. Madagascar se trouve à 400 km à l'est du Mozambique, dans l'océan Indien. 2. Trois des ressources de Madagascar sont la cannelle, le poivre et la vanille. 3. On peut y voir les makis et les margouillats. 4. Les Seychelles sont réputées pour leurs plages idylliques. 5. On trouve des paysages volcaniques, des pitons et des cirques sur l'île de la Réunion.

Découvrons des merveilles de la nature

Answers will vary. Sample answers: C'est le jardin de Pamplemousse sur l'île Maurice. Il a été créé en 1767 par le botaniste Pierre Poivre. On y trouve 85 variétés de palmiers, de nombreuses plantes tropicales, des nénuphars géants et le tallipot, un palmier aux feuilles immenses qui fleurit une fois tous les 60 ans.

Galerie de créateurs

1 **A.** Answers will vary. Sample answers: L'artiste s'appelle Heritina Andriamamory. C'est une jeune peintre et une photographe née à Madagascar. Le sujet de ses peintures est basé sur les peuples des différents pays qu'elle visite. **B.** Answers will vary.

2 Answers will vary. Sample answers: 1. C'est un poète et un réalisateur né à l'île Maurice. Dans son œuvre, il raconte l'histoire de son île et de la population mauricienne, et parle souvent de la «coolitude». 2. Jeff Mohamed Ridjali est un danseur et un chorégraphe contemporain né à Mayotte. Le but de cet institut est d'aider les jeunes de la rue grâce à l'enseignement de la danse. 3. Kantilal Jivan Shah est un homme aux connaissances multiples. Deux de ses sujets d'intérêt sont l'histoire naturelle et l'écotourisme.

3 Answers will vary.

Workbook

STRUCTURES

8.1 Infinitives

1 1. voler 2. réveiller 3. prendre 4. dire 5. réfléchir 6. attendre

2 Answers may vary. Sample answers: 1. donner 2. frapper 3. entrer 4. jeter 5. toucher 6. poser

3 1. être allés 2. visiter 3. Être 4. voir 5. se promener 6. avoir fini/terminé 7. manger 8. terminer/finir 9. faire 10. assister

4 Answers will vary. Sample answers: 1. faire du sport 2. manger des légumes 3. avoir un plan de la ville 4. avoir des amis 5. étudier à la bibliothèque

5 1. Après avoir marqué un but, l'équipe a égalisé. 2. Après avoir vu la pièce, les spectateurs ont applaudi. 3. Après nous être réunis au restaurant, nous avons porté un toast. 4. Après être tombée à la patinoire, ma copine a eu mal au dos. 5. Après avoir acheté des tennis, mes cousines sont allées au club sportif.

6 Answers will vary.

8.2 Prepositions with geographical names

1 1. b 2. c 3. c 4. a 5. b

2 1. du 2. de 3. à 4. à 5. en 6. la 7. le 8. au 9. à 10. aux

3 1. de, au 2. de, de 3. des, à 4. à, à la 5. à, en 6. au, au

4 Answers may vary. Sample answers: 1. C'est aux Pays-Bas. 2. C'est en Europe. 3. C'est en Louisiane./C'est en Amérique du Nord. 4. C'est au Nouveau-Mexique./C'est en Amérique du Nord. 5. C'est à Washington, DC. 6. C'est à Cuba.

5 Answers will vary.

6 Answers will vary.

RÉDACTION

Étape 1: Answers will vary.

Étape 2: Answers will vary.

8.3 The *conditionnel*

1 1. partirais 2. voudrions 3. ferais 4. aimeriez 5. préférerait 6. seraient

2 1. devriez 2. achèterais 3. auraient besoin 4. prendrais 5. ferions 6. pourrait

3 1. Bonjour. Je voudrais des renseignements sur les sites à visiter. 2. Auriez-vous un plan de l'île? 3. Mon frère et moi, nous désirerions participer au Grand Raid. 4. Devrait-on appeler l'Hôtel du piton de la Fournaise pour voir s'ils ont des chambres libres? 5. Ce serait possible de déguster un bon cari en ville? 6. Mes parents devraient-ils aller à la colline de Chamarel, à votre avis?

4 1. Claude et moi, nous avons dit que nous rendrions visite à des amis à Carcassonne.
2. J'ai dit que j'attendrais le mois d'août pour partir. 3. Les filles ont dit qu'elles finiraient de travailler le 12 juillet. 4. Paul a dit qu'il essaierait d'aller en Italie trois semaines.
5. Tonton et toi, vous avez dit que vous joueriez au bowling tous les jours pendant les vacances.
6. Pépé, tu as dit que tu nous appellerais de l'aéroport, c'est bien ça?

5 Answers will vary.

6 Answers will vary.

POUR COMMENCER

1. Second part of answers will vary: 1. investir (solliciter un emploi) 2. une formation (un conseiller) 3. licencier (profiter) 4. une conseillère (une entreprise) 5. le chômage (un compte de chèques)

2. 1. dettes 2. fainéant 3. salaire minimum 4. taxe 5. marché boursier

3. Answers will vary.

IMAGINEZ

L'Afrique Centrale

1. Vrai. 2. Vrai. 3. Faux. C'est la capitale de la République démocratique du Congo (RDC). 4. Vrai. 5. Vrai. 6. Faux. Il y a de riches villas dans le quartier du Mont Fleury.

Découvrons l'Afrique Centrale

Answers will vary. Sample answers: C'est Esther Kamatari, une princesse qui est née et a grandi au Burundi. Elle s'est exilée en France et elle est devenue le premier mannequin noir à y travailler. Elle a aussi activement participé à plusieurs associations humanitaires. En 2004, elle s'est présentée aux élections présidentielles du Burundi.

Galerie de créateurs

1. A. Answers will vary. Sample answers: L'artiste s'appelle Chéri Samba. Il vient de Kinshasa. Ses tableaux parlent de la vie quotidienne et des problèmes auxquels le continent africain fait face.

B. Answers will vary.

2. Answers will vary. Sample answers: 1. C'est une poétesse et une peintre gabonaise. Elle écrit des poèmes pour lesquels elle trouve son inspiration dans le soufisme. Elle exprime aussi sa spiritualité dans la peinture abstraite. 2. C'est une photographe camerounaise qui vit aux Pays-Bas. Elle veut montrer la beauté de la peau noire et en particulier, celle de la femme africaine. 3. Benjamin Sehene est un écrivain qui est né au Rwanda, mais qui a dû s'exiler dans plusieurs pays. Dans ses livres, il dénonce l'horreur quotidienne de la vie au Rwanda et la tentative d'exterminer tout un peuple.

3. Answers will vary.

STRUCTURES

9.1 Relative pronouns

1. 1. c 2. b 3. c 4. a 5. b 6. a

2. 1. recommandée 2. venus 3. X 4. promues 5. X

3. 1. dont 2. Ce que 3. où/dans lesquels 4. qui 5. que 6. laquelle/qui 7. que 8. dont

4. 1. Le gérant parle à une employée qui a eu une augmentation de salaire./L'employée à laquelle le gérant parle a eu une augmentation de salaire. 2. Voici la carte de crédit avec laquelle j'achète mes fournitures. 3. Nous avons déjeuné dans un petit restaurant qui était excellent./Le restaurant dans lequel nous avons déjeuné était excellent. 4. Ce qui m'étonne, c'est que les employés n'aiment pas leurs horaires de travail./Ça m'étonne que les employés n'aiment pas leurs horaires de travail. 5. La comptable met toutes les semaines de l'argent à la banque qui est dans la rue des Lys./La banque à laquelle la comptable met de l'argent toutes les semaines est dans la rue des Lys.

5. 1. Dans lesquelles aimes-tu travailler? 2. Auquel penses-tu? 3. De laquelle avez-vous discuté? 4. Sur lesquels aimes-tu travailler? 5. Pour laquelle vas-tu poser ta candidature?

6. Answers will vary. Sample answers: 1. de continuer à apprendre 2. de travailler tard le soir 3. donne la possibilité de voyager 4. de ne jamais être au chômage 5. de suivre des formations

9.2 The present participle

1 1. arrivant 2. prenant 3. Ayant 4. buvant 5. allant 6. Étant

2 1. représentante 2. intéressant 3. travaillant 4. gérants 5. plaisant 6. charmant 7. exigeants 8. étudiantes

3 1. savant 2. gagnant 3. correspondant 4. perdant 5. habitant

4 1. Oui, il est changeant. 2. Oui, la course est épuisante. 3. Oui, elles sont intéressantes. 4. Oui, ils sont amusants. 5. Oui, elle est charmante. 6. Oui, je vais prendre le suivant.

5 Answers will vary.

6 Answers will vary.

9.3 Irregular *-oir* verbs

1

R	E	V	O	I	R				
E									
C			F	A	L	L	O	I	R
E									
V									
O				P					
I		D		O			S		
R			E	U			A		
				V			V		
				O	O		O		
				I		I	I		
				R			R		

2 1. faut 2. reçoivent 3. revois 4. devez 5. pouvons 6. sais

3 1. vois 2. s'asseyent 3. reçoit 4. savons 5. faut 6. peux 7. doit

4 Answers will vary. Sample answers: 1. Non, ils ont dû en prendre une hier. 2. Non, elle les a reçus hier. 3. Non, j'ai pu les déposer hier. 4. Non, nous avons dû les regarder hier. 5. Non, nous l'avons vu hier.

5 1. Il a fallu quatre heures pour finir le budget la semaine dernière. 2. Hier après-midi, je n'ai pas vu mon patron à la réunion. 3. Nous nous sommes aperçus qu'il manquait un projecteur quand nous sommes arrivés à la réunion ce matin. 4. Comme il pleut beaucoup ici, nous mangeons souvent au bureau. 5. Ma famille sait depuis toujours que je voudrais travailler à mon compte.

6 Answers will vary.

RÉDACTION

Étape 1: Answers will vary.

Étape 2: Answers will vary.

POUR COMMENCER

1. 1. d 2. f 3. b 4. c 5. a 6. e
2. 1. la Lune 2. un ouragan 3. un combustible 4. un arc-en-ciel 5. un tigre 6. un ours
3. Answers will vary.

IMAGINEZ

La Polynésie française, la Nouvelle-Calédonie, l'Asie

1. Les trois pays de l'ancienne Indochine française sont le Viêt-nam, le Cambodge et le Laos. 2. La baie d'Along est connue pour ses villages de pêcheurs aux maisons flottantes. 3. 50% des ressources agricoles du Viêt-nam proviennent du Mékong. 4. On peut y voir une trentaine de temples bouddhistes. 5. On peut admirer des merveilles de l'architecture Khmer à Angkor, au Cambodge.

Découvrons l'Asie francophone et les DROM

Answers will vary. Sample answers: C'est la Tahiti Pearl Regatta. Cet événement dure trois jours. C'est une course pendant laquelle les participants naviguent en pleine mer ou dans des lagons et doivent traverser des passes. C'est aussi une fête où plongée, pirogues, jeux polynésiens et pétanque sont au programme. Le soir, les participants se retrouvent autour du tamaara'a géant, un grand repas traditionnel.

Galerie de créateurs

1. **A.** Answers may vary. Sample answers: L'artiste s'appelle Nguyen Dieu Thuy. Elle est de Saïgon (aujourd'hui Hô Chi Minh-Ville). Elle préfère utiliser des couleurs pastel.
   B. Answers will vary.
2. Answers may vary. Sample answers: 1. Le groupe s'appelle *Kalaga'la.* Son style est un mélange de genres occidentaux et de rythmes traditionnels polynésiens, le tout chanté en wallisien. 2. Steeve Thomo est sculpteur. Pour sculpter, il se sert de tous les types de bois qu'il trouve sur son île: le houp, le gaïak et le tamarou. 3. L'inspiration de Rithy Panh vient du génocide dans lequel une partie de sa famille a péri. Il cherche à ressusciter la culture de son pays.
3. Answers will vary.

STRUCTURES

10.1 *Si* clauses

1. 1. b 2. c 3. a 4. a 5. c 6. c
2. 1. b 2. a 3. b 4. b 5. a
3. Answers will vary. Sample answers: 1. Et si vous les jetiez dans une poubelle? 2. Et si tu faisais de la plongée? 3. Et si elle achetait une petite voiture économique? 4. Et s'ils essayaient de moins allumer les lampes? 5. Et si elle économisait l'énergie?
4. 1. vais 2. avais grandi 3. comprendrais 4. pensait 5. n'y aurait plus 6. ne mange pas/ne mangeais pas 7. n'ai pas/n'aurais pas 8. prépare/préparais 9. serons/serions 10. invitais
5. Answers will vary.
6. Answers will vary.

10.2 The future perfect

1. 1. contaminer; auront contaminé 2. résoudre; aurai résolu 3. disparaître; aurons disparu 4. prévenir; aurez prévenu 5. descendre; seront descendues
2. 1. aurons fini 2. mettrons 3. sera descendue 4. aideras 5. aurez trouvé 6. partira 7. nous mettrons en route 8. seront revenus
3. Answers may vary slightly. Sample answers: 1. Mais non! Elle se couchera quand elle aura pris son bain. 2. Mais non! Tu mangeras lorsque tu auras préparé le repas. 3. Mais non! Il y aura sûrement une inondation après qu'il aura plu. 4. Mais non! Nous jetterons ces papiers aussitôt que nous aurons mangé nos hamburgers. 5. Mais non! Ils vont partir à l'université une fois qu'ils se seront réveillés.
4. Answers may vary slightly. Sample answers: 1. Lorsque tu auras acheté une carte de la ville, tu pourras visiter Papeete. 2. Dès que nous aurons obtenu des masques de plongée à l'hôtel, nous irons faire de la plongée. 3. Après qu'on aura choisi un bon restaurant, nous goûterons à des spécialités locales. 4. Je ferai du bateau une fois que je me serai un peu reposée.
5. 1. Aussitôt que les moutons seront rentrés dans la grange, nous fermerons la porte. 2. Après que nous aurons fini notre pique-nique, Paul mettra les déchets à la poubelle. 3. Les filles iront à la plage lorsque le soleil se sera levé. 4. Une fois que les ours seront partis, tu pourras continuer ta randonnée. 5. Je vous enverrai un e-mail quand je serai rentré(e) chez moi.
6. Answers will vary.

RÉDACTION

Étape 1: Answers will vary.

Étape 2: Answers will vary.

10.3 The past conditional

1. 1. aurait vu 2. serais allée 3. n'aurais pas toléré 4. seraient partis 5. n'auraient pas disparu 6. auriez aimé
2. 1. serait sortie 2. auraient visité 3. aurais pris 4. te serais promenée 5. seriez allés 6. aurions fini
3. Answers may vary. Sample answers: 1. Selon le magazine, dix nouvelles espèces animales auraient disparu. 2. Selon le magazine, quatre présidents se seraient réunis pour parler du réchauffement. 3. Selon le magazine, l'écologiste Pierre Montreuil aurait menacé un industriel américain. 4. Selon le magazine, la Seine serait encore plus polluée depuis ces derniers mois. 5. Selon le magazine, la sécheresse en Afrique aurait encore empiré.
4. Answers may vary. Sample answers: 1. Tu n'aurais pas dû le toucher! 2. Elles auraient pu y aller à pied! 3. Je ne l'aurais pas imprimé! 4. Tu aurais adoré cette randonnée! 5. Nous aurions vraiment voulu le convaincre.
5. Answers will vary.
6. Answers will vary.

POUR COMMENCER

1 1. négatif 2. négatif 3. positif 4. positif 5. négatif 6. négatif 7. positif 8. positif 9. négatif 10. négatif

2 1. a 2. c 3. a 4. c 5. a

3 Answers will vary. Sample answers: 1. Dis-lui d'être plus franche. 2. Dis-lui d'être plus prudent. 3. Dis-lui d'être moins anxieux. 4. Dis-lui d'être plus tranquille/calme. 5. Dis-lui d'être moins orgueilleuse.

STRUCTURES

1.1 Spelling-change verbs

1 essaie (essayer); commençons (commencer); partageons (partager); envoie (envoyer); espèrent (espérer); achète (acheter); amène (amener); nettoies (nettoyer); préfères (préférer); rappelle (rappeler)

2 1. espère 2. appelle 3. préférez 4. déménageons 5. paies/payes 6. projettent

3 Answers will vary. Sample answers: 1. Oui, ils achètent beaucoup de livres. 2. Oui, j'essaie de rencontrer des gens. 3. Oui, nous mangeons toujours au resto U. 4. Je péfère habiter dans un appartement. 5. Oui, j'amène souvent des amis à des fêtes. 6. Oui, j'envoie souvent des e-mails à mes amis.

1.2 The irregular verbs *être, avoir, faire,* and *aller*

1 1. être 2. faire 3. avoir; faire 4. aller 5. faire 6. faire 7. avoir; être 8. aller

2 1. Ah bon? Ils ont beaucoup de devoirs? 2. Ah bon? Il ne lui fait plus confiance? 3. Ah bon? Tu vas mieux? 4. Ah bon? Vous n'êtes plus fiancés? 5. Ah bon? Elle est jalouse? 6. Ah bon? Vous n'avez pas beaucoup d'amis?

3 Answers will vary. Sample answers: 1. Ils vont dîner ensemble. 2. Personne ne lui fait confiance. 3. Il a de la chance. 4. Nous sommes sensibles. 5. Elle a honte de sa nouvelle coiffure.

1.3 Forming questions

1 1. question 2. question 3. affirmation 4. question 5. affirmation 6. question

2 Answers will vary. Sample answers: 1. Madame Lemaire est-elle veuve? 2. Avec qui se marie-t-il? 3. Est-ce que vous avez des amis affectueux? 4. Va-t-elle rompre avec son fiancé? 5. Louis est-il toujours aussi jaloux? 6. Connais-tu ce charmant garçon?

3 Answers will vary. Sample answers: 1. Qui voyez-vous tous les jours? 2. Avec qui sortez-vous ce soir? 3. Qui préfère-t-elle? 4. Pourquoi ne veulent-ils pas venir? 5. Comment est ta meilleure amie? 6. Qui avez-vous vu hier?

LITTÉRATURE

1 1. Vrai 2. Vrai 3. Vrai 4. Faux 5. Vrai

2 1. Vrai 2. Vrai 3. Vrai 4. Vrai 5. Faux

3 1. Faux 2. Faux 3. Vrai 4. Faux 5. Faux

4 1. Vrai 2. Vrai 3. Faux 4. Faux 5. Faux

POUR COMMENCER

1 2; 4

2 Second part of answers may vary. Sample answers: 1. (sûr) Le soir, le métro n'est pas toujours sûr. 2. (peuplé) Le centre-ville est très peuplé. 3. (vide) C'est bizarre! Cette boîte de nuit est vide ce soir. 4. (privé) C'est une voie privée. 5. (inattendu) C'était inattendu!

3 Answers may vary. Sample answers: 1. Elle va faire des courses au centre-ville. 2. Elle va aller au musée avec une amie. 3. Ils vont dîner au restaurant grec. 4. Il propose à Alice de sortir dîner. 5. Ils vont se retrouver à 20 heures.

STRUCTURES

2.1 Reflexive and reciprocal verbs

1 1. pronominal (s'amuser) 2. pronominal (s'entretenir) 3. non-pronominal (attendre) 4. non-pronominal (croire/quitter) 5. pronominal (se méfier) 6. pronominal (se mettre)

2 1. Nous nous écrivons les uns aux autres. 2. Elles se parlent les unes aux autres. 3. Elles se téléphonent l'une à l'autre. 4. Ils se moquent les uns des autres. 5. Elles se voient l'une l'autre.

3 Answers will vary. Sample answers: 1. Je me lève à huit heures. 2. On s'habille en jean. 3. Oui, ils s'amusent bien. 4. Oui, nous nous entendons bien. 5. Oui, je m'inquiète parfois. 6. Oui, nous nous voyons souvent.

2.2 Descriptive adjectives and adjective agreement

1 animé; beau; bruyant; grand; vieux

2 1. Juliette est mignonne aussi. 2. Marc et Henri sont naïfs aussi. 3. Stéphanie et Pierre sont travailleurs aussi. 4. Janine est gentille aussi. 5. Mona et Laure sont rousses aussi.

3 1. Non, c'est un rue publique. 2. Non, c'est une vieille voiture. 3. Non, c'est dans un grand immeuble. 4. Non, c'est un quartier dangereux. 5. Non, il est toujours plein.

2.3 Adverbs

1 Answers may vary. Sample answers: 1. Elle conduit toujours très prudemment. 2. Il comprend mal les maths. 3. Elle fait les choses très précisément. 4. Il parle très bien anglais. 5. Elle parle franchement.

2 1. b 2. a 3. b 4. c 5. a

3 Answers will vary. Sample answers: 1. Je vais souvent à la bibliothèque. 2. Je fais toujours le ménage le samedi. 3. Je vais probablement aller au cinéma avec des amis. 4. Non, je les vois rarement. 5. Oui, j'y suis déjà allé(e).

LITTÉRATURE

1 1. Vrai 2. Vrai 3. Faux 4. Faux 5. Vrai

2 1. Faux 2. Faux 3. Faux 4. Vrai 5. Faux

3 1. Vrai 2. Faux 3. Faux 4. Vrai 5. Vrai

4 1. Vrai 2. Faux 3. Faux 4. Faux 5. Vrai

Leçon 3

POUR COMMENCER

1 1. c 2. a 3. d 4. f 5. b 6. e

2 Second part of answers may vary. Sample answers: 1. Logique. 2. Illogique. Les publicités ont pour but de vendre des produits. 3. Illogique. Les animateurs de radio travaillent à la radio. 4. Logique. 5. Illogique. Les événements les plus importants sont toujours à la une.

3 Answers may vary. Sample answers: 1. Non, parce qu'il n'a pas le temps. 2. Il lit un hebdomadaire. 3. Il lit les nouvelles internationales, la page sportive et la rubrique société. 4. Non, parce qu'il l'utilise beaucoup pour son travail. 5. Il mentionne des romans de science-fiction.

STRUCTURES

3.1 The *passé composé* with *avoir*

1 1. passé 2. présent 3. présent 4. passé 5. présent 6. passé

2 1. Mais non, le rédacteur a déjà écrit un article sur Audrey Tautou. 2. Mais non, la vedette du dernier film de Balasko a déjà donné une interview sur France 3. 3. Mais si, j'ai déjà fini la chronique. 4. Mais non, le journal a déjà annoncé le gagnant du loto. 5. Mais non, j'ai déjà regardé le concert d'Atlan à la télé.

3 Answers will vary. Sample answers: 1. Non, je n'ai pas lu la presse hier. 2. Oui, j'ai regardé une émission à la télé hier soir. 3. J'ai utilisé Internet pour la dernière fois aujourd'hui. 4. J'ai vu . . . 5. Cette semaine, j'ai trouvé frappante la nouvelle de l'élection présidentielle. 6. J'ai lu . . .

3.2 The *passé composé* with *être*

1 1. avoir 2. être 3. être 4. avoir 5. être 6. être

2 1. se sont disputés 2. t'es habillée 3. se sont vus 4. s'est rendu compte 5. vous êtes téléphoné 6. sont parties

3 Answers may vary. Sample answers: 1. Non, je suis descendu(e) par les escaliers. 2. Non, nous sommes partis à huit heures. 3. Non, elle est sortie. 4. Non, nous sommes sortis du cinéma. 5. Non, ils sont venus chez nous.

3.3 The *passé composé* vs. the *imparfait*

1 1. imparfait 2. passé composé 3. imparfait 4. imparfait 5. passé composé 6. imparfait

2 1. J'adore ce film, je l'ai vu dix fois. 2. Mon père n'a pas lu le journal une seule fois depuis qu'il a acheté une télévision. 3. Quand elles étaient en vacances, elles lisaient toujours leur horoscope. 4. Tu regardais la télé et soudain, tu as entendu un bruit bizarre. 5. Nous lisions beaucoup de bandes dessinées quand nous étions petits. 6. En 2004, vous êtes allé(e)(s) à Paris.

3 1. Il y a eu une grosse dispute entre les joueurs de foot. 2. Ces vedettes jouaient toujours dans ce feuilleton. 3. Cet homme politique avait mauvaise réputation. 4. On a interviewé ce photographe. 5. Les deux présidents se sont téléphoné. 6. Il n'y avait pas de liberté de la presse dans ce pays.

Lab Manual

LITTÉRATURE

1 1. Vrai 2. Faux 3. Vrai 4. Vrai 5. Faux

2 1. Vrai 2. Vrai 3. Vrai 4. Faux 5. Faux

3 1. Faux 2. Vrai 3. Vrai 4. Faux 5. Faux

4 1. Faux 2. Vrai 3. Faux 4. Faux 5. Vrai

Leçon 4

POUR COMMENCER

1 1, 3, 4, 6, 7

2 Second part of answers may vary. Sample answers: 1. (la guerre) C'est la police qui maintient la sécurité. 2. (la victoire) Malheureusement, les hommes politiques sont souvent impliqués dans des scandales. 3. (la peur) Le juge a décidé d'emprisonner le voleur pour cinq ans. 4. (enlever) Dans une dictature, la police espionne souvent les gens.

3 1. Elle est avocate. 2. Elle voulait lutter contre l'injustice. 3. Elle est spécialisée dans les droits de l'homme. 4. Elle lutte contre l'oppression, l'injustice et l'inégalité. 5. Elle défend surtout les enfants.

STRUCTURES

4.1 The *plus-que-parfait*

1 1. décider 2. aller 3. être 4. déclarer 5. vouloir

2 1. Non, en 1945, nous avions déjà déclaré la guerre au Japon. 2. Non, en 1949, elle s'était déjà terminée. 3. Non, en 1940, nous étions déjà entrés en guerre. 4. Non, en 1946, ils avaient déjà gagné la guerre. 5. Non, en 1947, elle avait déjà perdu la guerre.

3 Second part of answers may vary. Sample answers: 1. (a, b) Le président, qui avait gouverné le pays pendant dix ans, est mort. 2. (b, a) Nous avons voté pour la candidate libérale que nous avions vue à la télé. 3. (b, a) J'ai mis au-dessus de ma porte ce drapeau que j'avais acheté samedi. 4. (a, b) Les policiers ont sauvé les deux enfants qui avaient été enlevés à Paris. 5. (b, a) Tu n'as pas voulu être juré, parce que tu avais reçu des menaces.

4.2 Negation and indefinite adjectives and pronouns

1 1. non 2. non 3. oui 4. oui 5. non 6. oui

2 1. Il n'a aucun ami! 2. Il ne voyage nulle part! 3. Il ne s'intéresse à personne! 4. Il ne fait rien pour les opprimés!

3 Some answers may vary. Sample answers: 1. Oui, il y en a plusieurs. 2. Non, seulement certains sont pour cette loi. 3. Oui, j'en ai lu quelques-uns. 4. Non, je vote pour un autre candidat. 5. Oui, on parle de cette affaire dans tous les journaux.

4.3 Irregular *-ir* verbs

1 couvrir (couvre) 2. venir (viens) 3. partir (partir) 4. maintenir (maintient) 5. tenir (tiens) 6. appartenir (appartient) 7. devenir (est devenu) 8. découvrir (avons découvert) 9. offrir (ai offert) 10. sentir (sent) 11. souffrir (souffrent) 12. sortir (sortir)

2 1. Vrai. 2. Vrai. 3. Faux. Les jurés ne croient pas l'accusé. 4. Faux. Il appartient à une famille de criminels. 5. Faux. Les victimes souffrent beaucoup.

3 Answers may vary. Sample answers: 1. Il couvre l'affaire Dupuis pour le journal local. 2. Il vient d'entendre la sentence. 3. Elle doit partir. On l'attend. 4. Il maintient qu'il est innocent. 5. Non, ils pensent qu'il est coupable. 6. Oui, elle a offert de les aider. 7. Elle dit qu'on sent qu'elles souffrent toujours. 8. Oui, il va rester en prison pendant des années.

LITTÉRATURE

1 1. Vrai 2. Vrai 3. Faux 4. Faux 5. Vrai

2 1. Vrai 2. Faux 3. Faux 4. Vrai 5. Faux

3 1. Faux 2. Vrai 3. Faux 4. Faux 5. Vrai

4 1. Faux 2. Faux 3. Faux 4. Vrai 5. Faux

POUR COMMENCER

1 une langue officielle, le mal du pays, la mondialisation, la diversité

2 1. positif 2. négatif 3. négatif 4. positif 5. négatif

3 Some answers may vary slightly. Sample answers: 1. Non, c'est l'arabe. 2. Non, il a trouvé un travail manuel. 3. Non, ils étaient pauvres. 4. Non, ils avaient des principes différents. 5. Non, ils se sont sentis exclus. 6. Non, ils se sont bien intégrés.

STRUCTURES

5.1 Partitives

1 1. non 2. oui; du 3. oui; du 4. oui; de la 5. non

2 Some answers may vary. Sample answers: 1. Oui, une bouteille de vin, s'il vous plaît. 2. Oui, un kilo de carottes, s'il vous plaît. 3. Oui, deux litres d'eau minérale, s'il vous plaît. 4. Oui, un paquet de pâtes, s'il vous plaît. 5. Oui, trois boîtes de thon, s'il vous plaît.

3 1. Non, on ne fait pas assez d'efforts pour l'intégration des immigrés. 2. Oui, certains immigrés sont victimes de discrimination. 3. Oui, la plupart des familles d'immigrés s'adaptent. 4. Non, ils parlent plusieurs langues en général. 5. Oui, je connais quelques immigrés qui sont parvenus à réaliser leurs rêves.

5.2 The pronouns *y* and *en*

1 1. en 2. y 3. y 4. en 5. en
1. il en parle plusieurs 2. je n'y suis pas allé(e) 3. je vais y travailler 4. ils en ont eu besoin 5. nous n'en parlons pas

2 1. Oui, il y pense beaucoup. 2. Oui, il va en chercher. 3. Non, il n'en a pas encore beaucoup. 4. Non, il n'y parvient pas facilement. 5. Non, il n'en a pas encore envoyé.

3 Answers will vary. Sample answers: 1. Oui, je m'y intéresse. 2. Non, nous n'en parlons pas beaucoup. 3. Oui, j'en ai peur. 4. Oui, je pense que je vais y parvenir. 5. Oui, à mon avis, ils doivent s'y attendre.

5.3 Order of pronouns

1 1. y (3), nous (1), en (2) 2. en (2), leur (1) 3. me (3), lui (2), le (1) 4. la (1), nous (2), en (3)

2 1. Je l'y amène. 2. L'employeur leur en parle. 3. Ne le lui dis pas! 4. Sa femme le lui a prédit. 5. Demande-le-leur.

3 1. Oui, dis-le-lui! 2. Non, on ne va pas les y retrouver. 3. Oui, il lui en a trouvé un. 4. Oui, elle leur en parle souvent. 5. Non, il ne le lui a pas dit.

LITTÉRATURE

1 1. Vrai 2. Vrai 3. Faux 4. Faux 5. Faux

2 1. Vrai 2. Faux 3. Vrai 4. Faux 5. Vrai

3 1. Vrai 2. Faux 3. Faux 4. Faux 5. Vrai

4 1. Faux 2. Faux 3. Vrai 4. Faux 5. Vrai

POUR COMMENCER

1 1. F 2. V 3. V 4. F 5. V 6. F

2 Second part of answers will vary. Suggested answers: 1. Logique. 2. Illogique. Ils le grondent/punissent souvent. 3. Illogique. Je vais aller à l'hypermarché/au supermarché. 4. Illogique. Elle est exigeante.

3 Answers may vary slightly. Sample answers: 1. Ils étaient très unis. 2. Il était bien élevé. 3. Non, elle était difficile. 4. Elle les respecte. 5. Sabine élève sa fille de la même manière que ses parents l'ont élevée.

STRUCTURES

6.1 The subjunctive: impersonal expressions; will, opinion, and emotion

1 1. ailles; aller 2. fassiez; faire 3. viennes; venir 4. prenne; prendre 5. puissions; pouvoir 6. soient; être

2 1. Je ne pense pas que ça en vaille la peine. 2. Il faut qu'ils soient moins égoïstes. 3. Il est bon que la supérette ait un grand choix de produits. 4. Il vaut mieux que je déménage au plus vite. 5. Je souhaite que nous réussissions. 6. Je veux que tu sois heureux.

3 Answers will vary. Sample answers: 1. Je regrette que tu aies de mauvaises notes à tes examens. 2. Je suis content(e) que vous soyez très unis, tes parents et toi. 3. Il n'est pas normal que ta mère oublie l'anniversaire de ton frère tous les ans. 4. Il est dommage qu'ils soient mal élevés. 5. Ce n'est pas possible qu'il arrive si tard.

6.2 Demonstrative pronouns

1 1. a 2. b 3. a 4. c 5. a 6. a

2 Answers may vary. Sample answers:
1. Je préfère ceux qui sont bons pour la santé.
2. Je préfère celles qui restent ouvertes tard.
3. Je préfère celui qui est sympathique.
4. Je préfère celle qui est petite et calme.
5. Je préfère ceux où il fait chaud.

3 Answers will vary. Sample answers: 1. Des enfants rebelles, ce sont ceux qui ne sont pas soumis. 2. Une mère autoritaire, c'est celle qui est trop exigeante. 3. Des familles heureuses, ce sont celles qui sont très unies. 4. Un père strict, c'est celui qui punit trop souvent ses enfants. 5. Un parent insupportable, c'est celui qui est trop égoïste.

6.3 Irregular *-re* verbs

1 se plaindre, s'entendre, se comprendre, dire, croire, rire, prendre
1. me plaindre 2. s'entend 3. se comprend 4. dire 5. crois 6. rit 7. rire 8. prend 9. s'entend

2 1. Mais non, je comprends bien l'italien. 2. Mais non, tu connais ma grand-mère paternelle. 3. Mais non, j'en prends à la fromagerie. 4. Mais non, nous lisons des magazines. 5. Mais non, il suit un cours de maths. 6. Mais non, ma mère leur écrit des e-mails.

3 Answers will vary. Sample answers: 1. Oui, nous en connaissons. 2. Oui, ils sont stricts. 3. J'en suis quatre. Elle aussi. 4. Non, je ne le crains pas. Eux non plus. 5. J'apprends beaucoup en français.

LITTÉRATURE

1 1. Vrai 2. Vrai 3. Faux 4. Faux 5. Vrai

2 1. Vrai 2. Vrai 3. Faux 4. Faux 5. Vrai

3 1. Vrai 2. Faux 3. Vrai 4. Faux 5. Faux

4 1. Vrai 2. Vrai 3. Faux 4. Vrai 5. Vrai

Leçon 7

POUR COMMENCER

1 1. a 2. b 3. c 4. b 5. b 6. a

2 1. a 2. b 3. a 4. b 5. c

3 Answers may vary slightly. Sample answers: 1. Djamel veut devenir astronome. 2. Si, il pense qu'ils existent. 3. Si, il croit aux OVNI. 4. Non, elle étudie les mathématiques. 5. Non, elle veut être chercheuse ou professeur.

STRUCTURES

7.1 The comparative and superlative of adjectives and adverbs

1 1. –, + 2. –, + 3. +, – 4. +, – 5. +, – 6. =, =

2 1. C'est le lecteur de DVD le plus mauvais du monde./C'est le pire lecteur de DVD du monde. 2. Ce sont les appareils numériques les plus chers que j'aie jamais vus. 3. C'est le moteur de recherche le moins rapide de tous. 4. Ce sont les filles les moins sympas de la fac. 5. Ce sont les téléphones portables les moins beaux du magasin. 6. C'est l'erreur la plus grave de l'année.

3 1. Oui, c'est lui qui surfe sur Internet le plus lentement. 2. Oui, ce sont elles qui travaillent le plus rapidement sur ordinateur. 3. Oui, c'est lui qui étudie le plus mal/le moins bien. 4. Oui, c'est elle qui répond le plus patiemment. 5. Oui, c'est lui qui parle le moins timidement. 6. Oui, c'est elle qui écrit le mieux.

7.2 The *futur simple*

1 ferai (faire), chercherai (chercher), aurai (avoir), finira (finir), nous marierons (se marier), achètera (acheter), travaillerons (travailler), aurons (avoir)

2 Answers may vary. Sample answers: 1. Non, mais dans 50 ans, il y en aura peut-être une. 2. Non, mais dans 50 ans, ils en feront peut-être. 3. Non, mais dans 50 ans, j'en aurai peut-être. 4. Non, mais dans 50 ans, nous le saurons peut-être. 5. Non, mais dans 50 ans, on mourra peut-être à l'âge de 150 ans. 6. Non, mais dans 50 ans, tout le monde parlera peut-être la même langue.

3 Answers will vary. Sample answers: 1. J'habiterai à New York. 2. Je serai patron. 3. Non, nous en aurons plus tard. 4. Nous ferons du sport. 5. Elle sera heureuse.

7.3 The subjunctive with expressions of doubt and conjunctions; the past subjunctive

1 1. ait 2. viennent 3. fassions 4. puisse 5. veuille 6. faille

2 Answers may vary slightly. Sample answers: 1. que je puisse sauvegarder ce document sur un CD. 2. qu'ils soient très efficaces. 3. qu'il ait le bon outil. 4. qu'il offre des informations très utiles. 5. qu'il les télécharge très rapidement. 6. que nous le finissions aujourd'hui.

3 1. aient eu un petit accident de voiture. 2. ne se soit pas réveillée à l'heure. 3. vous soyez perdus en ville. 4. soit venu à la salle de conférence hier.

LITTÉRATURE

1 1. Vrai 2. Faux 3. Vrai 4. Faux 5. Vrai

2 1. Faux 2. Vrai 3. Faux 4. Faux 5. Faux

3 1. Faux 2. Vrai 3. Vrai 4. Faux 5. Vrai

4 1. Faux 2. Faux 3. Vrai 4. Faux 5. Faux

Lab Manual

Leçon 8

POUR COMMENCER

1 1. e 2. c 3. a 4. d 5. b

2 Answers may vary slightly. Sample answers: 1. Ils veulent fêter la fin des examens. 2. Ils vont aller au restaurant. 3. Ils vont aller prendre un verre. 4. Il propose d'aller au parc d'attractions. 5. Elle préfère aller à la patinoire. 6. Non, ils ne vont pas pouvoir venir parce qu'ils vont faire de l'alpinisme.

3 Answers will vary. Sample answers: 1. J'aime le basket-ball et le football. 2. Je vais au cinéma. 3. Je préfère surfer sur Internet ou lire des magazines. 4. Oui, nous allons chez des amis. 5. Non, je n'aime pas aller au spectacle.

STRUCTURES

8.1 Infinitives

1 1. égaliser 2. faire (la queue) 3. aller 4. partir 5. voir 6. dire

2 Answers may vary slightly. Sample answers: 1. Oui, il désire l'acheter. 2. Oui, je pense avoir le temps. 3. Oui, elle me conseille de les obtenir rapidement. 4. Non, nous détestons faire du ski. 5. Oui, il est important de se divertir le week-end.

3 1. Après avoir vu qu'un joueur était blessé, l'arbitre a sifflé. 2. Après avoir assisté au concert de REM, Laura a décidé d'acheter le dernier CD du groupe. 3. Après être allés au vernissage, nous avons acheté un tableau de l'artiste. 4. Après avoir écouté le concert avec attention, les spectateurs ont beaucoup applaudi. 5. Après avoir joué à la pétanque au parc tout l'après-midi, les filles sont rentrées à la maison. 6. Après être arrivée au club sportif, Patricia a remarqué qu'elle avait oublié ses tennis.

8.2 Prepositions with geographical names

1 en Afrique du Nord, en Australie, à Casablanca, à Dakar, de Djerba, en France, à l'île Maurice, à La Rochelle, le Maroc, de Paris, aux Pays-Bas, le Sénégal, à Sydney, à Tunis, la Tunisie

2 1. Il vient de Côte d'Ivoire. 2. Nous allons au Mexique. 3. Elle arrive des Pays-Bas. 4. Ils sont au Caire. 5. Elle habite en Californie/aux États-Unis. 6. Ils habitent en Haïti. 7. Elle habite en Chine. 8. Vous êtes aux États-Unis.

3 1. Allez à Marseille, en France. 2. Allez à Villars, en Suisse. 3. Allez à la Nouvelle-Orléans, en Louisiane. 4. Allez en Arizona, aux États-Unis. 5. Allez au Québec, au Canada. 6. Allez à Antananarivo, à Madagascar.

8.3 The *conditionnel*

1 1. sauriez (savoir) 2. aimeraient (aimer) 3. irions (aller) 4. devrais (devoir) 5. pourrait (pouvoir) 6. mettrais (mettre)

2 1. Tu ne ferais pas de saut à l'élastique. Tu irais voir une comédie plutôt qu'un film d'horreur. 2. Ils seraient contents. Ils célébreraient la fin des examens au restaurant. 3. Je ne jouerais pas aux boules au parc. Je resterais à la maison. 4. Vous finiriez votre travail. Vous n'iriez pas faire les magasins en ville. 5. Il les féliciterait. Il ne donnerait jamais de mauvaises notes. 6. Nous partirions en vacances dans le Colorado. Nous ne voyagerions pas en Grèce.

3 Answers will vary. Sample answers: 1. Nous irions au cinéma. 2. Je choisirais le saut à l'élastique. 3. Il ferait le tour du monde. 4. Ils iraient à la bibliothèque. 5. Nous irions au restaurant.

LITTÉRATURE

1 1. Faux 2. Vrai 3. Faux 4. Faux 5. Faux

2 1. Faux 2. Vrai 3. Vrai 4. Faux 5. Vrai

3 1. Vrai 2. Vrai 3. Faux 4. Vrai 5. Faux

4 1. Vrai 2. Vrai 3. Faux 4. Faux 5. Vrai

POUR COMMENCER

1 1. d 2. c 3. a 4. b 5. e

2 1. Il va probablement poser sa candidature à ce poste. 2. Il va probablement faire faillite. 3. Elle va probablement démissionner. 4. Il va probablement déposer l'argent sur un compte d'épargne. 5. Il va probablement licencier des employés.

3 Answers will vary. Sample answers: 1. J'ai un diplôme en sciences. 2. La recherche m'intéresse. 3. Le plus important pour moi est un travail très intéressant. 4. Oui, je le gère bien, parce que j'ai toujours de l'argent en banque. 5. Je crois que je serai chef d'entreprise.

STRUCTURES

9.1 Relative pronouns

1 1. dont 2. laquelle 3. lequel 4. que 5. qui, que 6. laquelle

2 Answers may vary slightly. Sample answers: 1. C'est l'emploi dont tu m'as/on a parlé hier? 2. Avec lesquelles vas-tu travailler? 3. Dans laquelle se trouve-t-elle? 4. Avec lequel vas-tu voyager? 5. Auxquels vas-tu rendre visite?

3 1. L'entreprise a des bureaux à Paris où le nouveau cadre va probablement travailler. 2. L'entreprise a besoin d'un employé dont la famille peut habiter à Paris. 3. Nous voulons embaucher une personne que nous trouvons compétente. 4. Nos employés travaillent sur des ordinateurs qui sont fréquemment mis à jour. 5. Les cadres ont aussi des portables avec lesquels ils voyagent souvent.

9.2 The present participle

1 finissant, sachant, stressant, étant, intéressants, travaillant, amusante, gérant

2 Answers may vary. Sample answers: 1. Non, je l'ai rencontré en partant de la fête. 2. Je l'ai trouvé intéressant/amusant. 3. J'ai pensé qu'elles étaient amusantes/intéressantes. 4. Je l'ai su en l'écoutant parler. 5. Nous sommes devenus amis en parlant.

3 1. Madame Mercier travaille sur son ordinateur (tout) en répondant au téléphone. 2. Les employés prennent leur déjeuner (tout) en travaillant. 3. Le cadre va à une réunion (tout) en réfléchissant à un projet. 4. Monsieur Guillot dépose de l'argent au distributeur automatique (tout) en buvant son café. 5. Monsieur Giroud va au travail tous les jours tout en suivant une formation de comptable. 6. La comptable paie les dettes de l'entreprise tout en faisant des économies.

9.3 Irregular *-oir* verbs

1 1. s'est aperçue (s'apercevoir) 2. faut (falloir) 3. savez (savoir) 4. voudrions (vouloir) 5. vaut (valoir) 6. a dû (devoir)

2 1. Non, Juliette reçoit le salaire minimum. 2. Non, la gérante veut ouvrir le magasin à neuf heures. 3. Non, nous savons aider les clients. 4. Non, les gérants doivent embaucher une nouvelle employée. 5. Non, d'habitude, mes copines s'asseyent à côté de Stéphane à la cafétéria.

3 1. Oui, je dois lui téléphoner. 2. Oui, elle s'assied à son bureau. 3. Oui, il le reçoit souvent. 4. Oui, j'ai pu en trouver un facilement. 5. Oui, elles savent bien parler anglais.

LITTÉRATURE

1 1. Vrai 2. Vrai 3. Vrai 4. Vrai 5. Vrai

2 1. Faux 2. Faux 3. Faux 4. Vrai 5. Faux

3 1. Faux 2. Vrai 3. Vrai 4. Faux 5. Vrai

4 1. Faux 2. Faux 3. Faux 4. Faux 5. Faux

Lab Manual

POUR COMMENCER

1 1, 4, 5, 7, 10, 11, 12

2 1. b 2. c 3. a 4. b 5. a

3 Answers will vary. Sample answers: 1. Le gaspillage des ressources m'intéresse. 2. À mon avis, l'érosion de la couche d'ozone est le problème le plus grave. 3. J'essaie de recycler le papier et le plastique. 4. Je pense que dans 100 ans, certaines espèces d'animaux auront disparu.

STRUCTURES

10.1 *Si* clauses

1 1. présent, futur simple 2. imparfait, conditionnel 3. plus-que-parfait, conditionnel 4. présent, futur proche 5. présent, impératif 6. plus-que-parfait, conditionnel

2 1. Si j'avais beaucoup d'argent, j'en donnerais à une association pour la protection des animaux. 2. Si on attend cent ans, on pourra habiter sur la Lune. 3. Si tu veux venir à la mer avec nous, n'oublie pas de nous téléphoner vendredi. 4. Si les enfants jettent ces papiers dans la rivière, les guides vont se fâcher./se fâcheront. 5. Si nous avions bu de l'eau potable, nous ne serions pas malades ce matin. 6. Si vous vous sentez mal, essayez de respirer plus lentement.

3 Answers will vary.

10.2 The future perfect

1 1. 1, 2 2. 2, 1 3. 2, 1 4. 1, 2 5. 2, 1

2 1. les entreprises auront déjà fait plus d'efforts pour préserver les ressources naturelles. 2. le soleil sera déjà devenu la première source d'énergie. 3. nous aurons déjà mieux compris l'importance des forêts tropicales. 4. nous, les scientifiques, nous aurons déjà résolu le problème de la sécheresse en Afrique. 5. je serai déjà allé combattre la déforestation en Amazonie. 6. tu auras déjà choisi de travailler dans le domaine de la protection de l'environnement.

3 Answers may vary slightly. Sample answers: 1. Dès que l'eau sera redevenue potable, nous pourrons la boire. 2. Après que la qualité de l'air se sera améliorée, elle pourra mieux respirer. 3. Aussitôt qu'on aura mieux compris l'importance de la couche d'ozone, on essaiera de la préserver. 4. Une fois que les hommes auront épuisé toutes les sources d'énergie traditionnelles, il faudra trouver des sources d'énergie renouvelable. 5. Lorsque vous aurez assisté à la conférence, vous ne tolérerez plus tout ce gaspillage.

10.3 The past conditional

1 1. oui 2. non 3. oui 4. non 5. oui 6. non

2 Answers may vary slightly. Sample answers: 1. Ils n'auraient pas dû jeter des papiers par terre! 2. Il aurait mieux fallu qu'il ne prenne pas de morceau de corail en souvenir! 3. Vous auriez pu prendre un seul bain par jour! 4. Il aurait mieux valu qu'ils fassent un safari! 5. Tu n'aurais pas dû couper des arbres!

3 Answers will vary

LITTÉRATURE

1 1. Vrai 2. Faux 3. Faux 4. Faux 5. Vrai

2 1. Faux 2. Faux 3. Vrai 4. Vrai 5. Vrai

3 1. Vrai 2. Faux 3. Faux 4. Faux 5. Faux

4 1. Faux 2. Faux 3. Faux 4. Vrai 5. Vrai

VIDEO ACTIVITIES: Answers will vary.

